Nombre y Apellidos: …………………………………………………………………

Curso Actual: …………………………….. **Centro:** …………………………..

© Roberto Vivanco Castellanos
LOMLOE. ACTIVA TUS COMPETENCIAS 2
ISBN Libro en papel: 978-84-685-8163-7
ISBN eBook en PDF: 978-84-685-8164-4
Impreso en España
Editado por Bubok Publishing S.L

LOMLOE. Activa tus competencias 2

Roberto Vivanco Castellanos

ÍNDICE

GEOGRAFÍA (ACTIVIDADES)

1.- ¿Cuáles son los principales indicadores que nos dicen cómo es la población?

2.- Averigua cómo se hayan las siguientes fórmulas demográficas:

DENSIDAD DE POBLACIÓN	TASA DE NATALIDAD	TASA DE MORTALIDAD

SALDO MIGRATORIO	CRECIMIENTO NATURAL	TASA DE CRECIMIENTO NATURAL

3.- ¿Cómo es el crecimiento de la población en los países desarrollados? ¿Qué factores lo explican?

4.- ¿Cómo es el crecimiento de la población en los países menos desarrollados? ¿Qué factores lo explican?

5.- ¿Cómo se halla el crecimiento real de una población?

6.- Observa los siguientes datos demográficos y aplica las fórmulas demográficas correspondientes:

Población	Extensión	Nacimientos	Muertes	Inmigrantes	Emigrantes
10 mill hab.	500.000 km	50.000	30.000	45.000	15.000

Averigua:

Densidad de población	Crecimiento Natural	Tasa de Natalidad	Tasa de Mortalidad	Saldo Migratorio

7.- ¿Qué es una pirámide de población?

8.- Identifica las siguientes pirámides de población e indica sus características.

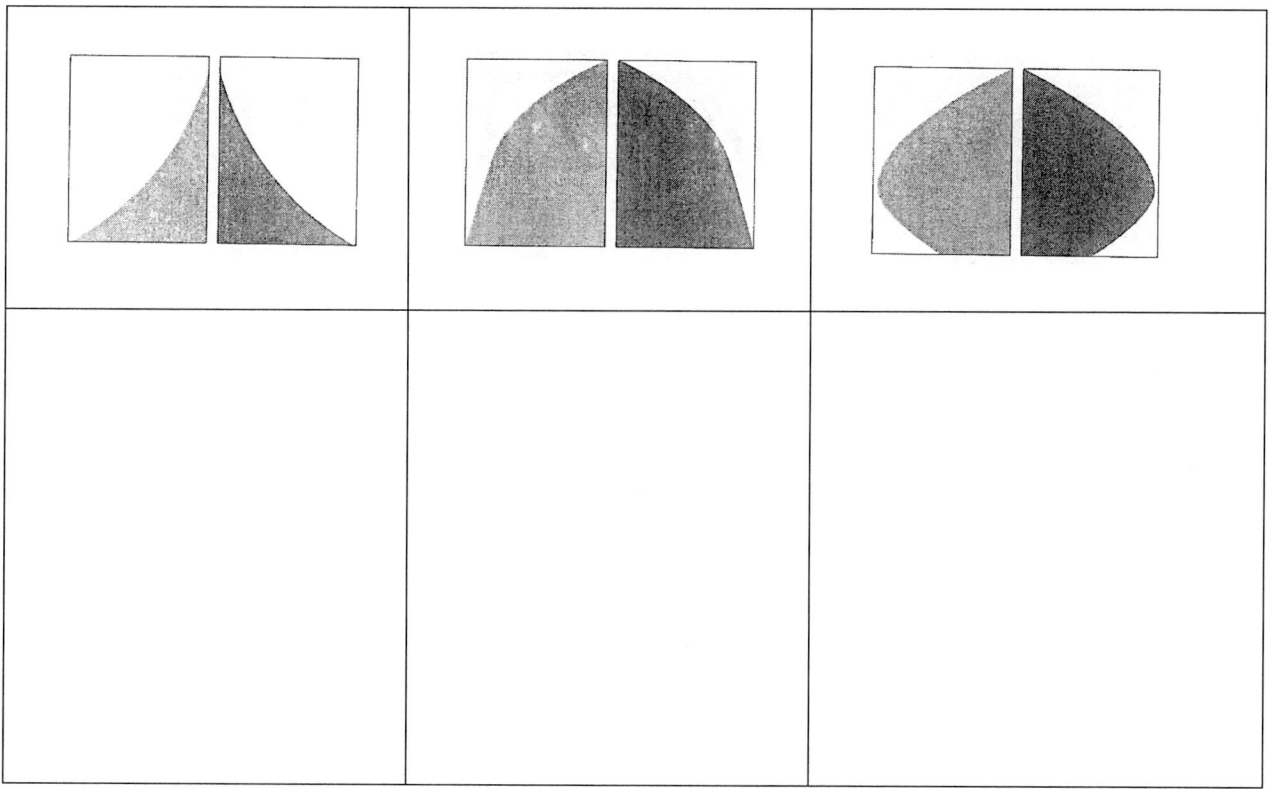

9.- La estructura de la población según su edad se puede clasificar en ...

10.- ¿Qué factores explican el envejecimiento de la población?

11.- ¿Qué consecuencias económicas puede tener una población envejecida?

12.- ¿Cómo se pueden clasificar los movimientos migratorios? Realiza un esquema y pon algún ejemplo.

13.- Completa la siguiente tabla:

DIFERENCIAS ENTRE LAS POLÍTICAS PRONATALISTA Y POLÍTICAS ANTINATALISTAS	
POLÍTICAS PRONATALISTAS	POLÍTICAS ANTINATALISTAS

14.- Localiza las siguientes palabras en la sopa de letras:

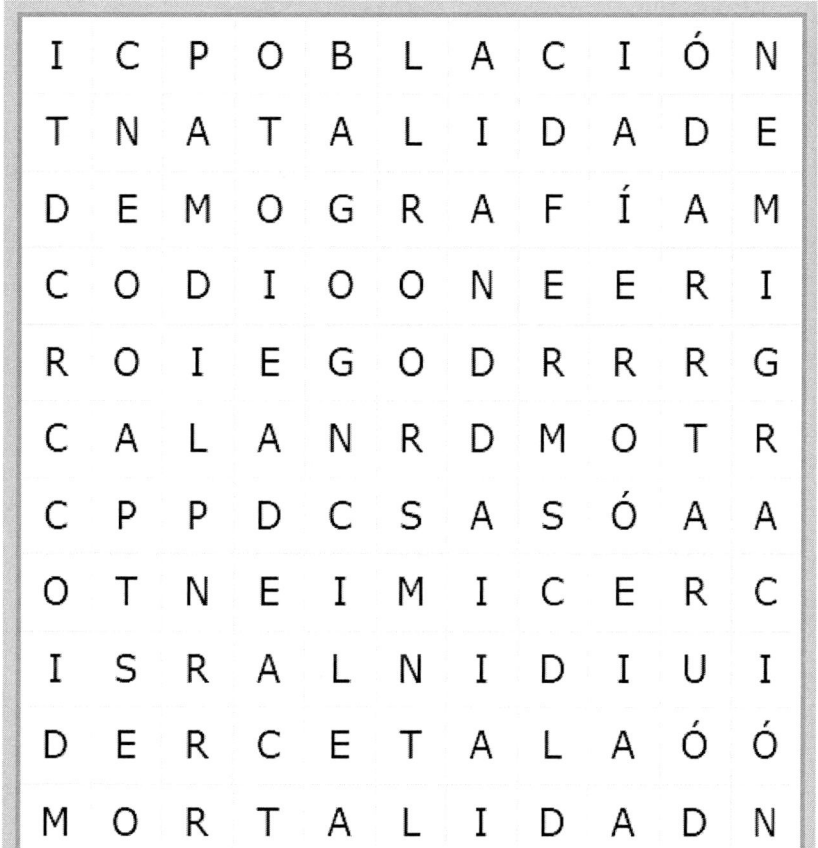

I	C	P	O	B	L	A	C	I	Ó	N
T	N	A	T	A	L	I	D	A	D	E
D	E	M	O	G	R	A	F	Í	A	M
C	O	D	I	O	O	N	E	E	R	I
R	O	I	E	G	O	D	R	R	R	G
C	A	L	A	N	R	D	M	O	T	R
C	P	P	D	C	S	A	S	Ó	A	A
O	T	N	E	I	M	I	C	E	R	C
I	S	R	A	L	N	I	D	I	U	I
D	E	R	C	E	T	A	L	A	Ó	Ó
M	O	R	T	A	L	I	D	A	D	N

NATALIDAD MORTALIDAD
INMIGRACIÓN EMIGRACIÓN
DEMOGRAFÍA POBLACIÓN
DENSIDAD CRECIMIENTO

15.- ¿Qué indicadores demográficos se asocian al envejecimiento?

16.- ¿Qué es un movimientos migratorio?

Investiga

17.- ¿Cuáles son las principales causas de los movimientos migratorios?

18.- ¿Qué factores influyen en una densidad de población elevada?

19.- ¿Qué factores influyen en una densidad de población baja?

20.- Indica las causas del despoblamiento del campo frente a las ciudades.

21.- ¿Por qué se dice que en la Unión Europea la población es fundamentalmente urbana?

22.- En España, ¿Cuáles son las zonas más densamente pobladas? ¿A qué se debe esta situación?

Investiga

23.- Busca en internet cuáles son los cinco países con la edad media más alta de Europa. Investiga cuáles son las causas de esta elevada edad media de las personas.

24.- Observa el siguiente gráfico y explica cómo ha evolucionado la población en los países desarrollados.

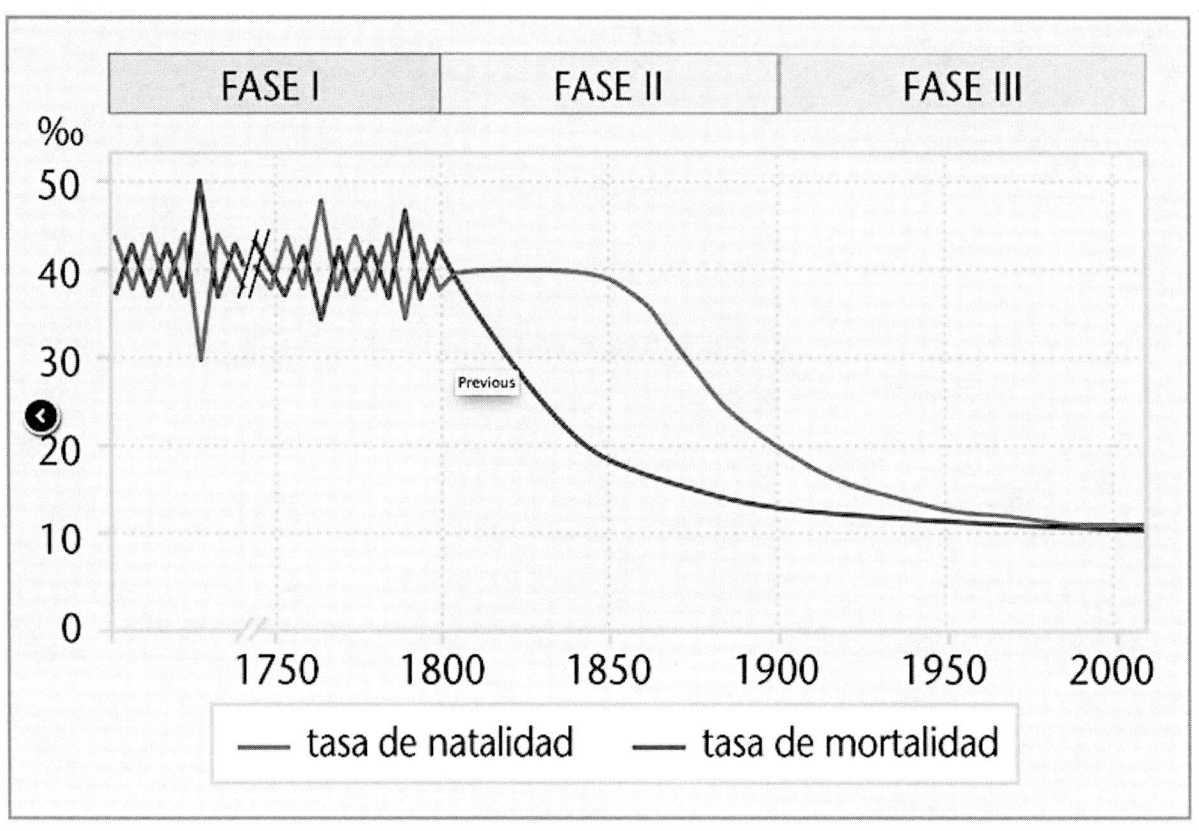

25.- ¿Qué es la pobreza extrema? ¿ A qué países y continentes afecta principalmente?

26.- Observa el siguiente gráfico y explica cómo ha evolucionado la población en los países en vías de desarrollo.

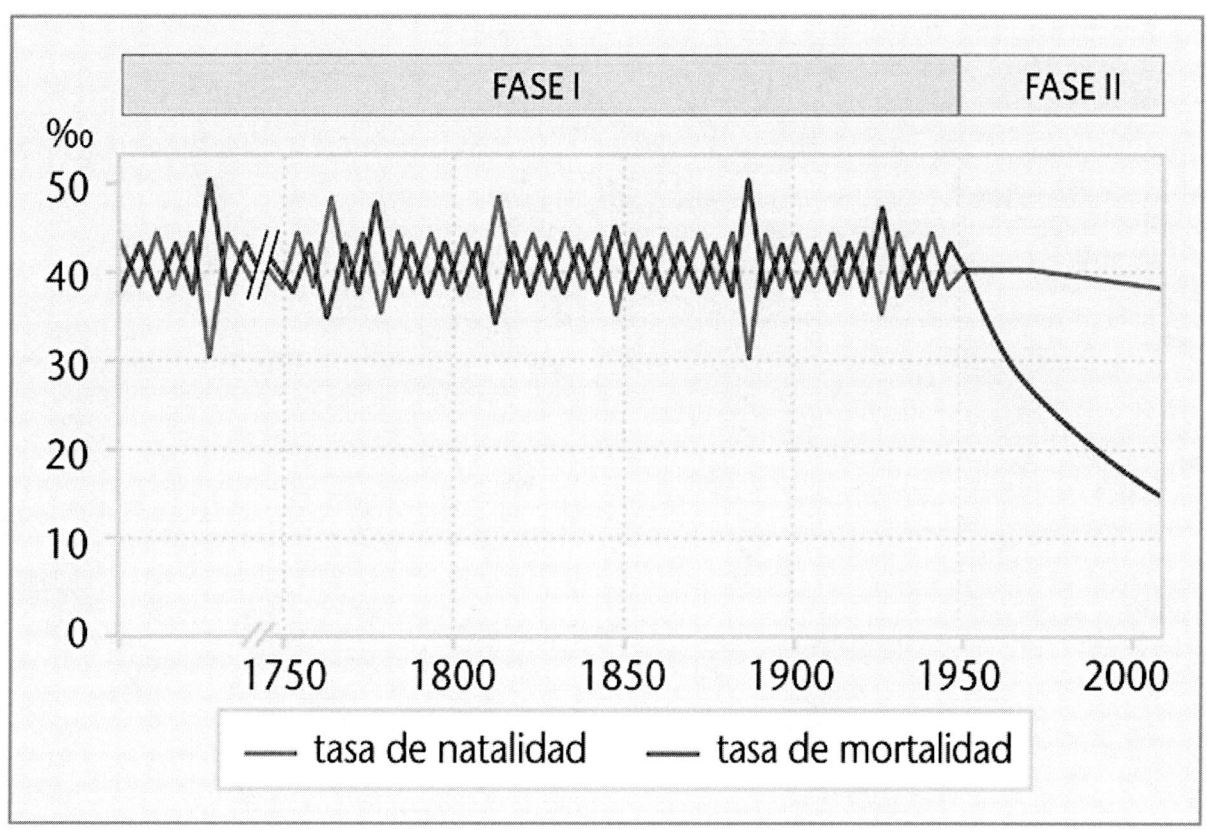

27.- ¿Crees que existe desigualdad de género? ¿En qué sectores o aspectos? Pon dos ejemplos.

Investiga

28.- Busca en internet la Declaración Universal de Derechos Humanos aprobada en 1948. Localiza el Artículo 13. ¿Qué conclusión obtienes después de haberlo leído?

29.- ¿Crees que los desastres naturales tienen un mayor impacto en los países en vías de desarrollo? ¿Por qué?

Investiga

30.- **Busca en internet información sobre una ONG que combata las desigualdades entre las personas. Indica cuándo surgió y cuáles son sus principales objetivos**

31.- **¿Qué factores son necesarios para considerar una localidad como ciudad?**

32.- ¿Qué es un plano urbano?

33.- Identifica el nombre de cada uno de estos planos urbanos.

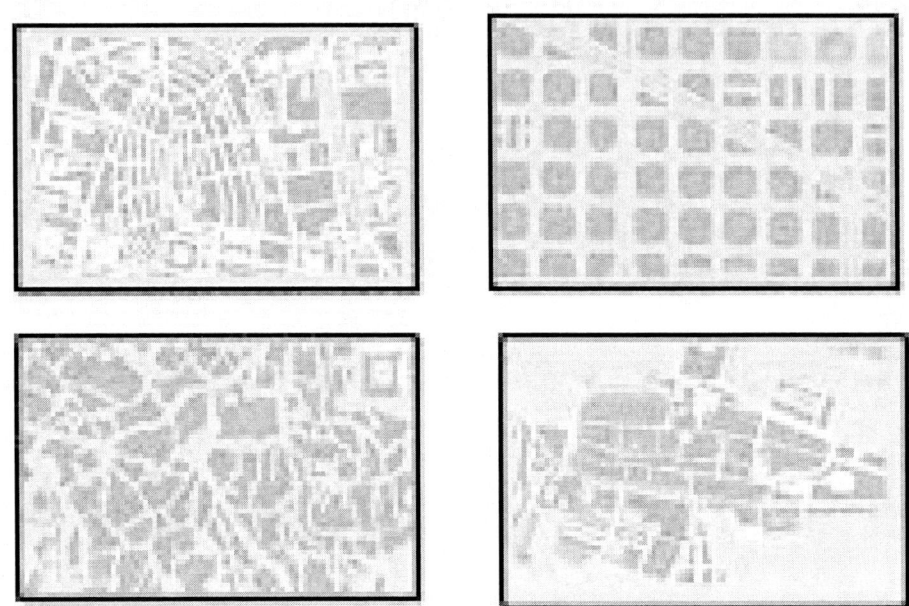

34.- ¿Qué características posee un plano lineal?

35.- ¿Qué características posee un plano radiocéntrico?

36.- ¿Qué características posee un plano regular?

37.- ¿Qué características posee un plano irregular?

38.- Localiza las siguientes palabras en la sopa de letras:

PLANO	CIUDAD	MEGALÓPOLIS
CONURBACIÓN	URBANO
URBANISMO	CALLE	PLANO
REGULAR	IRREGULAR
RADIOCÉNTRICO	METROPOLITANO
METRÓPOLI

M	M	R	U	R	B	A	N	I	S	M	O	R
E	E	N	R	A	L	U	G	E	R	R	I	N
O	G	T	A	D	R	P	L	A	N	O	I	Ó
C	A	E	R	I	R	N	E	U	E	I	L	I
A	L	P	O	O	T	A	P	E	I	O	C	C
L	Ó	L	O	C	P	Q	L	L	R	I	L	A
L	P	A	B	É	T	O	O	U	U	R	L	B
E	O	N	A	N	O	P	L	D	G	E	A	R
I	L	O	O	T	Ó	S	A	I	L	E	E	U
D	I	A	O	R	P	D	E	P	T	U	R	N
N	S	O	T	I	L	E	Ó	R	O	A	M	O
U	C	E	A	C	O	N	A	B	R	U	N	C
A	M	I	S	O	S	L	U	R	R	A	U	O

Investiga

39.- Busca en internet un plano de una ciudad española con plano irregular. Indica su origen, cuándo se creó y sus principales características.

40.- ¿Qué es una ciudad metropolitana? Pon un ejemplo.

41.- ¿Qué es una conurbación? Pon un ejemplo?

42.- ¿Qué es una megaciudad o megalópolis? Pon un ejemplo

43.- Busca información en internet e indica qué es un PGOU (Plan General de Ordenación Urbana).

44.- ¿A qué llamamos jerarquía urbana?

45.- Realiza un esquema en el que aparezcan las principales categorías de la jerarquía urbana de un país.

46.- Indica cómo está compuesta la jerarquía urbana española.

47.- ¿Qué es un slum? ¿Qué características lo identifican?

48.- ¿Qué retos crees que son necesarios para conseguir la sostenibilidad en las ciudades?

49.- ¿Qué es una ciudad inteligente o "smart city"?

Investiga

50.- Busca información sobre el nombre de una calle antigua de tu ciudad. ¿Por qué se le puso ese nombre? ¿Cuál es su origen?

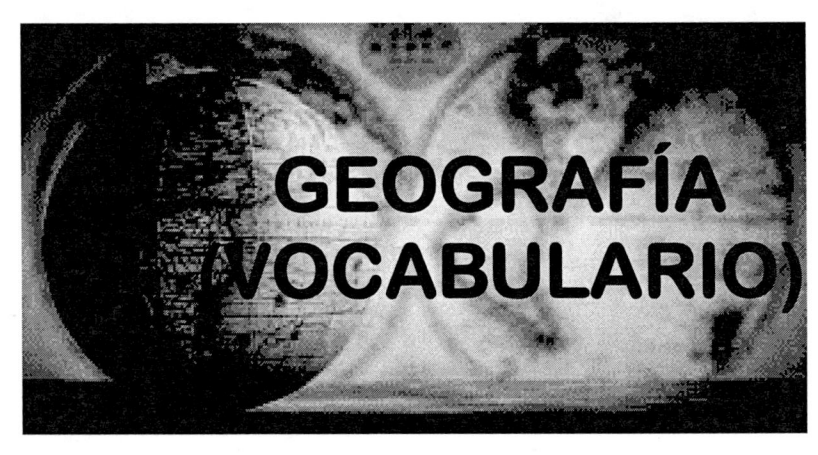

GEOGRAFÍA
(VOCABULARIO)

CENSO DE POBLACIÓN:

PADRÓN MUNICIPAL:

NATALIDAD:

FECUNDIDAD:

MORTALIDAD:

SALDO VEGETATIVO:

SALDO MIGRATORIO:

POLÍTICA PRONATALISTA:

POLÍTICA ANTINATALISTA:

ESPERANZA DE VIDA:

PIRÁMIDE DE POBLACIÓN:

MOVIMIENTO MIGRATORIO:

EMIGRANTE:

INMIGRANTE:

DENSIDAD DE POBLACIÓN:

POBREZA EXTREMA:

IGUALDAD DE GÉNERO:

ONU:

ONG:

ODS (OBJETIVOS DE DESARROLLO SOSTENIBLE):

POBLAMIENTO:

POBLAMIENTO RURAL:

POBLAMIENTO URBANO:

PLANO:

ENSANCHE:

PERIFERIA URBANA:

CBD:

ÁREA METROPOLITANA:

CONURBACIÓN:

MEGALÓPOLIS:

JERARQUÍA URBANA:

CIUDAD GLOBAL:

PENTÁGONO EUROPEO:

SOSTENIBILIDAD:

GUETOS:

CIUDAD INTELIGENTE O SMART CITY:

ESTADO:

ORGANIZACIONES INTERNACIONALES:

UNESCO:

OIT:

OMS:

OMC:

CASCOS AZULES:

UNIÓN EUROPEA:

GEOGRAFÍA (CARTOGRAFÍA)

1.- Completa el mapa político de Europa con el nombre de los países.

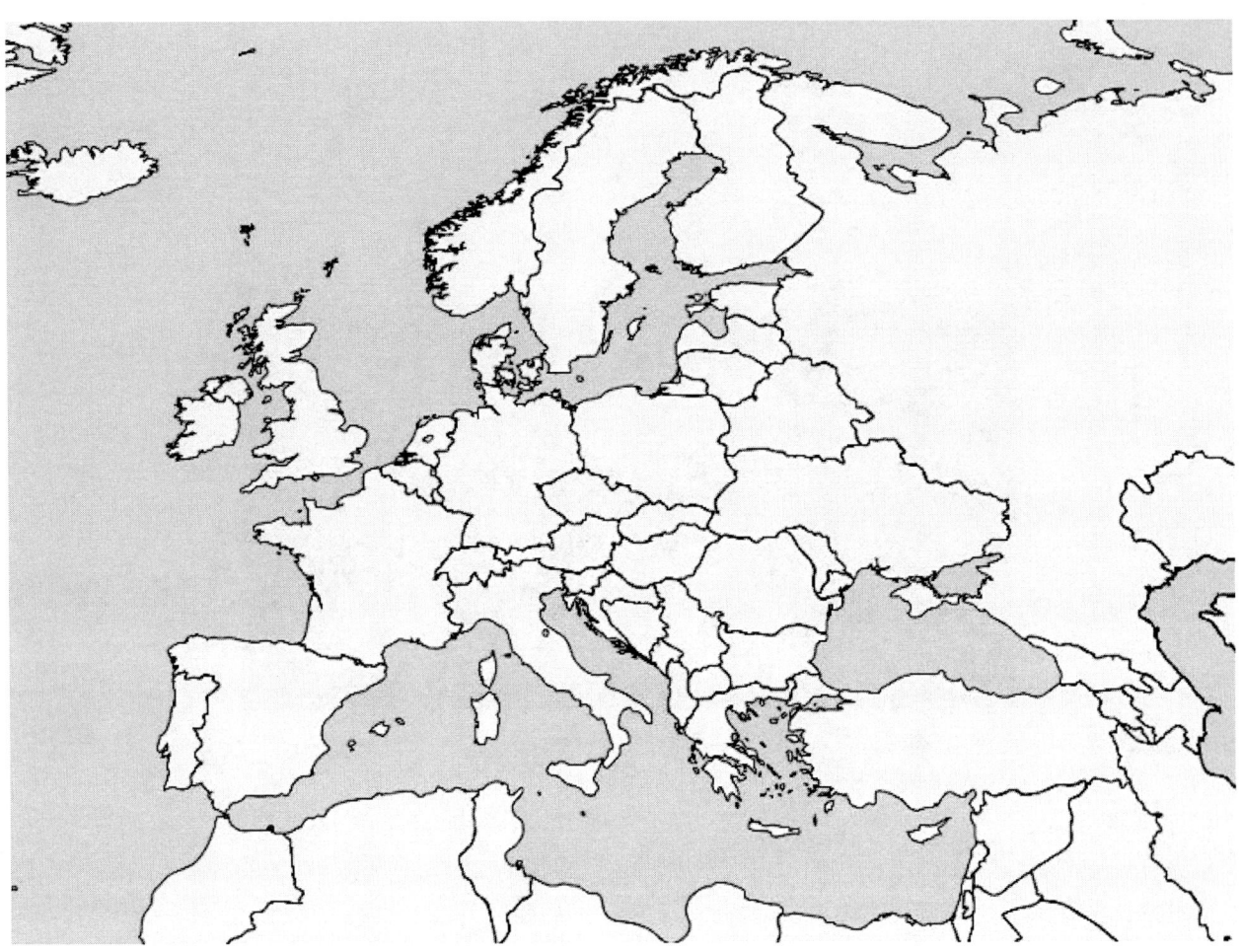

2.- Completa el mapa político de Asia con el nombre de los países.

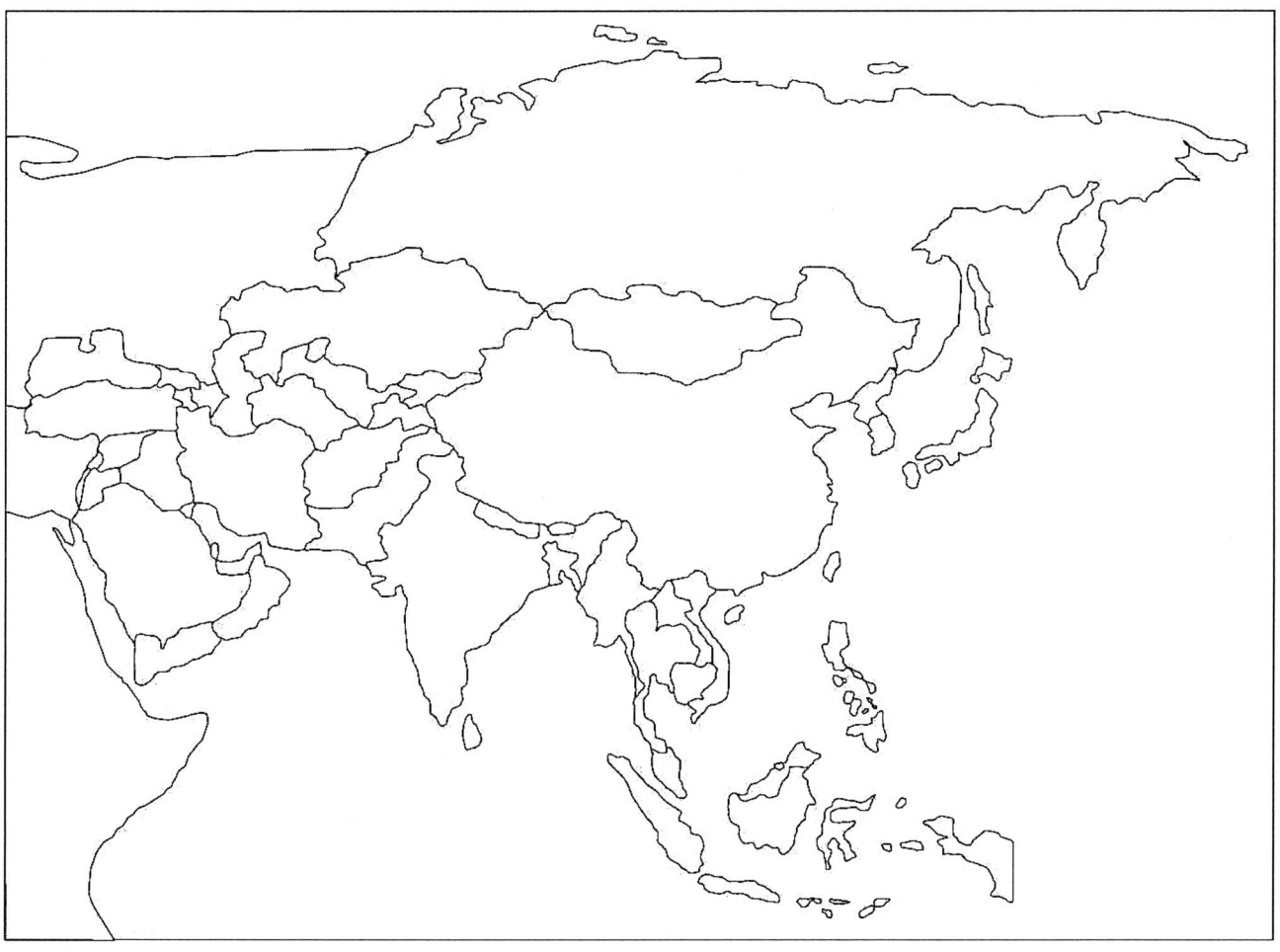

3.- Completa el mapa político de África con el nombre de los países.

4.- Completa el mapa político de América con el nombre de los países.

5.- Completa el mapa político de Oceanía con el nombre de los países.

6.- Completa el mapa político de España con el nombre de las provincias.

7.- Completa el mapa político de España con el nombre de las comunidades autónomas

8.- Colorea en el mapa las zonas con un crecimiento anual negativo de población.

9.- Indica con fechas los principales flujos migratorios internacionales.

10.- Colorea las zonas con mayor densidad de población.

11.- Pon el nombre de los países que pertenecen a la Unión Europea.

12.- Completa el siguiente mapa de España señalando las zonas con mayor densidad de población.

13.- ¿Qué zonas del mapa poseen "pobreza extrema"?.

14.- Señala en el mapa dónde se encuentran las principales megalópolis del mundo.

17.- Señala en el mapa las principales metrópolis nacionales

16.- Señala en el mapa el "pentágono europeo"

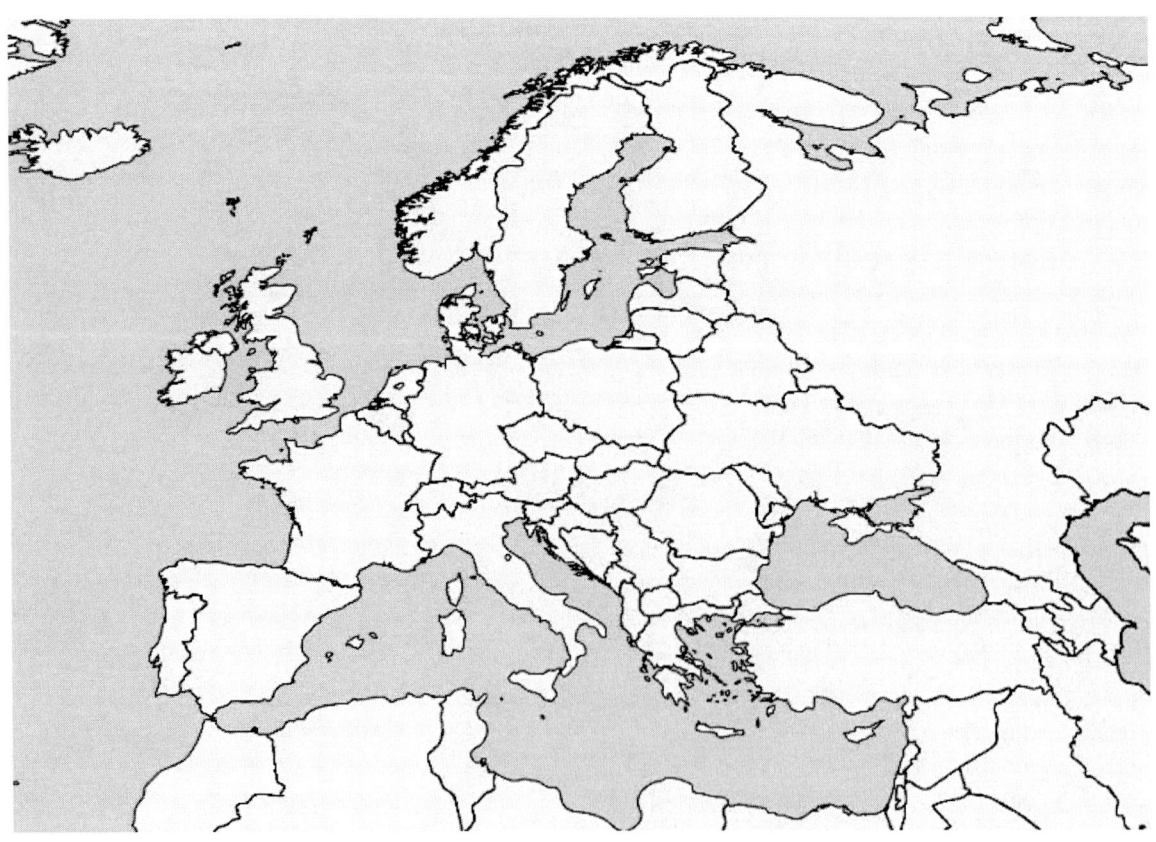

18.- Señala los países en los que existen conflictos armados.

HISTORIA (ACTIVIDADES)

1.- ¿Con qué acontecimiento comienza la Edad Media?

2.- ¿Quién fue Teodosio y por qué fue importante?

3.- ¿Quiénes fueron los visigodos? ¿Cómo llegaron a la península ibérica?

4.- ¿Cómo se relacionaron los pueblos germanos con la población romana?

5.- ¿Dónde establecieron su capital los visigodos?

-   **Indica al menos cuatro características propias de los visigodos**

6.- Observa la imagen del tesoro de Guarrazar (Toledo) y explica que es una corona votiva.

6.-¿En qué se diferencia una planta de cruz griega y una de cruz latina? Realiza un boceto de cada una de ellas para poder compararlas.

Investiga

7.- Busca una imagen de una iglesia visigoda. Pégala en tu cuadernillo. Indica su nombre, localización y fecha aproximada de construcción.

8.- ¿Dónde estaban ubicados los francos?

9.- ¿Quién fue Carlomagno? ¿Por qué fue importante?

10.- Localiza las siguientes palabras en la sopa de letras:

VISIGODO GERMANO

CARLOMAGNO CONDADO MARCA

TEODOSIO BIZANTINO

BASILEUS POITIERS

A	O	N	A	M	R	E	G	M	A	O	O	S
S	R	E	I	T	I	O	P	A	G	S	A	O
C	U	A	E	L	T	C	D	D	E	A	C	R
A	O	N	O	A	O	V	R	T	R	T	R	C
R	I	N	A	A	S	C	E	A	A	R	D	O
L	A	O	I	M	S	O	O	S	C	S	A	N
O	L	P	E	T	D	S	U	R	R	L	M	D
M	C	G	D	O	N	E	L	O	A	C	S	A
A	I	E	S	E	L	A	S	N	M	O	E	D
G	O	I	N	I	R	E	Z	D	O	N	E	O
N	O	S	S	O	V	I	S	I	G	O	D	O
O	R	A	O	S	N	E	O	R	B	A	P	E
O	B	O	J	L	D	V	C	O	N	O	U	N

11.- ¿Qué es un condado?

12.- ¿Qué es una marca?

13.- ¿Quién fue Mahoma? ¿Por qué fue importante?

14.- ¿Qué es el Corán? ¿Qué contiene?

15.- ¿Cuáles son los cinco pilares del islam?

-

-

-

-

-

16.- ¿Qué es la "Hégira"? ¿Qué simboliza? ¿Qué relación tiene con el calendario musulmán?

17.- Observa la siguiente imagen de la Kaaba y contesta a las siguientes cuestiones:

- ¿Dónde se encuentra?

- ¿Qué representa?

- ¿Por qué crees que es tan importante para los musulmanes?

18.- Completa la siguiente tabla:

ETAPAS DE EXPANSIÓN DEL ISLAM			
Nombre			
Cronología			
Principales Características			

19.- ¿Qué es un califa? ¿Cuáles son sus funciones?

20.- ¿Qué es un visir? ¿Cuáles son sus funciones?

21. Elabora un eje cronológico (línea del tiempo), con las principales etapas de expansión del islam

22.- ¿Cuáles fueron las principales actividades económicas que desempeñaron los musulmanes?

Investiga

23.- ¿A qué llamamos "medina"?

Nombra al menos cuatro edificios significativos que formen parte de la medina.

Investiga

24.- Busca en internet y completa la siguiente tabla:

Tres inventos de origen musulmán	Tres palabras de origen musulmán

25.- Completa con los nombre las partes más importantes de la mezquita.

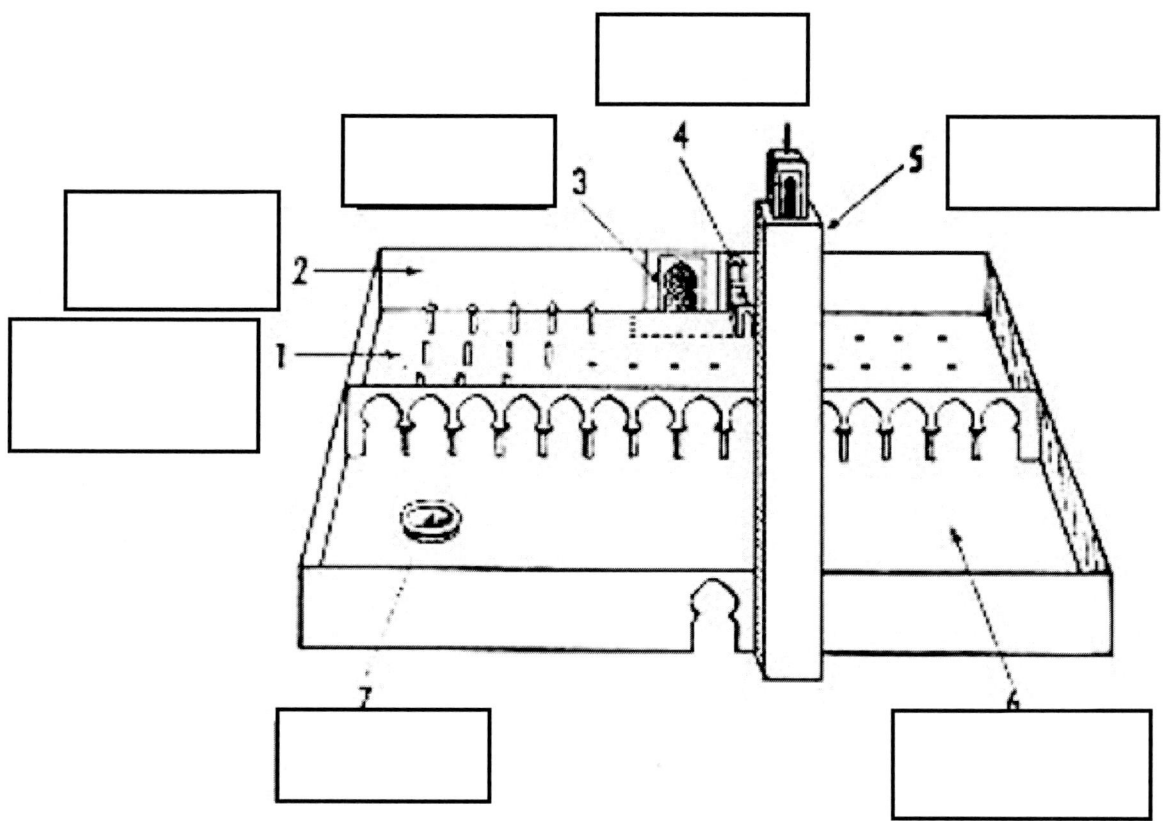

26.- ¿Qué es el feudalismo? ¿En qué consiste?

27.- Localiza las siguientes palabras en la sopa de letras:

CALIFATO	VISIR	EMIRATO
CORAN	MAHOMA	MECA	MEDINA
ALHAMBRA	MEZQUITA	RAMADAN
GUADALETE	MUSA	TARIQ

E	N	O	L	O	R	O	I	O	A	U	T	A
N	A	R	O	C	M	A	T	M	A	I	T	N
Q	M	O	A	I	I	A	M	A	D	I	N	E
A	O	R	A	L	F	U	E	A	U	E	A	E
D	H	N	T	I	H	E	T	Q	D	C	A	N
M	A	A	L	T	A	A	Z	A	T	A	D	E
E	M	A	R	M	I	E	M	S	Q	A	N	M
Ñ	C	A	L	O	M	A	C	B	I	A	F	I
G	U	A	D	A	L	E	T	E	R	Q	U	R
N	R	I	S	I	V	S	R	A	A	A	M	A
N	T	M	O	S	I	S	A	T	T	O	E	T
I	S	M	U	S	A	D	A	A	H	E	C	O
E	A	S	M	E	D	I	N	A	A	T	A	E

28.- ¿Cuál fue el origen, (causas), del feudalismo?

29.- ¿Qué es un feudo? ¿Cómo estaban organizados los feudos?

30.- Dibuja una pirámide de la sociedad feudal. Indica sus principales características y funciones.

31.- Observa la siguiente imagen y contesta:

¿Qué fueron las relaciones feudovasalláticas? ¿En qué consistieron?

32.- Busca una imagen de un castillo medieval. Pégala en el cuadernillo y señala con flechas las partes más importantes.

33.- ¿En qué dos grupos se dividía la nobleza?

34.- ¿En qué se diferencian el clero regular del clero secular?

35.- ¿Qué es el diezmo?

36.- ¿Cómo consideras que era la situación del campesinado durante la Edad Media?

37.- Completa la siguiente tabla sobre el Arte Románico.

ARTE ROMÁNICO	
CRONOLOGÍA	
DIFUSIÓN	
ELEMENTOS CONSTRUCTIVOS	
PRINCIPAL/ES CONSTRUCCIÓN/ES	
EJEMPLOS	

38.- Busca en internet la planta de una iglesia románica y pégala en tu cuadernillo. Señala con flechas las partes más importantes.

39.- Completa la siguiente tabla sobre la escultura románica.

ESCULTURA ROMÁNICA	
FUNCIÓN	
UBICACIÓN	
TEMÁTICA	
TIPOLOGÍA	
CARACTERÍSTICAS	

40.- Observa la siguiente imagen e indica con flechas los nombres de las partes más importantes:

41.- ¿Qué es un pantocrátor?

¿Dónde se sitúan normalmente?

¿Qué características pictóricas posee?

42.- Completa la siguiente tabla:

ARTE GÓTICO		
	CARACTERÍSTICAS GENERALES	**TRES EJEMPLOS**
ARQUITECTURA		
ESCULTURA		
PINTURA		

43.- Indica las diferencias de cada una de estas dos esculturas y clasifícalas según el estilo artístico al que pertenezcan.

44.- Localiza las siguientes palabras en la sopa de letras:

ROMÁNICO GÓTICO PORTADA

JAMBA DINTEL PARTELUZ

VIDRIERA ROSETÓN

45.- Ordena los siguientes conceptos en un eje cronológico e indica sus principales características:

Emirato Independiente / Conquista de la Península Ibérica / Reinos de Taifas / Califato de Córdoba

46.- ¿Qué es un emirato?

47.- Busca en internet cómo se construyó la mezquita de Córdoba teniendo en cuenta sus ampliaciones. Realiza una breve redacción de no más de 8 líneas.

48.- ¿Cuáles son las dos manifestaciones arquitectónicas más importantes del arte califal en Al-Ándalus?

49.- ¿Dónde se refugiaron los cristianos tras la conquista musulmana?

50.- ¿A qué llamamos "Reconquista"?

51.- ¿Cuáles fueron los principales reinos de resistencia cristiana contra los musulmanes? ¿Quiénes fueron sus principales gobernantes?

52.- ¿Cuáles fueron los principales sistemas de repoblación? ¿En qué consistieron?

Investiga

53.- ¿Con qué tipo de arte se corresponde la Iglesia de Santa María del Naranco? ¿Qué rasgos posee?

54.- Localiza las siguientes palabras en la sopa de letras:

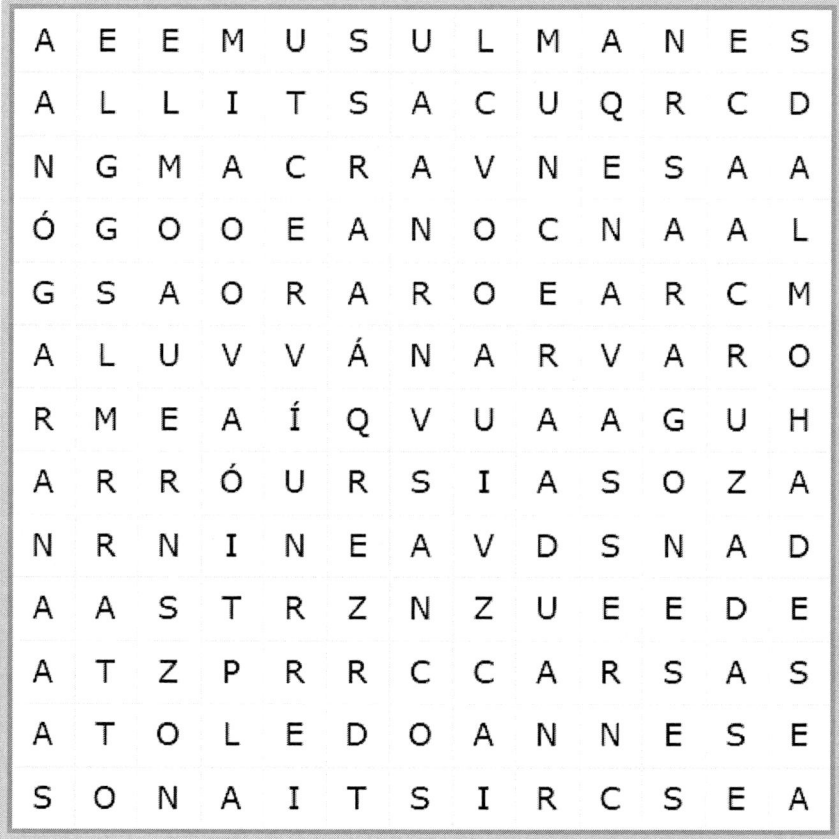

A	E	E	M	U	S	U	L	M	A	N	E	S
A	L	L	I	T	S	A	C	U	Q	R	C	D
N	G	M	A	C	R	A	V	N	E	S	A	A
Ó	G	O	O	E	A	N	O	C	N	A	A	L
G	S	A	O	R	A	R	O	E	A	R	C	M
A	L	U	V	V	Á	N	A	R	V	A	R	O
R	M	E	A	Í	Q	V	U	A	A	G	U	H
A	R	R	Ó	U	R	S	I	A	S	O	Z	A
N	R	N	I	N	E	A	V	D	S	N	A	D
A	A	S	T	R	Z	N	Z	U	E	E	D	E
A	T	Z	P	R	R	C	C	A	R	S	A	S
A	T	O	L	E	D	O	A	N	N	E	S	E
S	O	N	A	I	T	S	I	R	C	S	E	A

CASTILLA ARAGÓN NAVARRA

LEÓN NAZARÍ ARAGONESES

RECONQUISTA CRISTIANOS

MUSULMANES CRUZADAS RRCC

TOLEDO NAVAS ALMORÁVIDES

ALMOHADES PRESURA

Investiga

55.- Busca en internet una construcción en la provincia en la que resides que tenga influencia musulmana. Indica su nombre, ubicación, fecha de construcción y finalidad.

56.- ¿Qué es el Camino de Santiago? ¿Cuál es su origen?

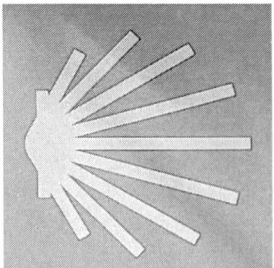

57.- Busca en internet una imagen del Pórtico de la Gloria de la Catedral de Santiago de Compostela. Pégala en tu cuadernillo e identifica con flechas sus principales partes.

58.- ¿Qué causas explican la recuperación urbana del siglo XI?

59.- ¿Qué es un burgo? ¿Qué funciones tenía?

60.- ¿Qué es un gremio? ¿Cómo estaba organizado?

61.- Indica las principales novedades de carácter económico desarrolladas durante la Plena Edad Media.

62.- Observa la siguiente imagen, investiga y contesta a las siguientes cuestiones:

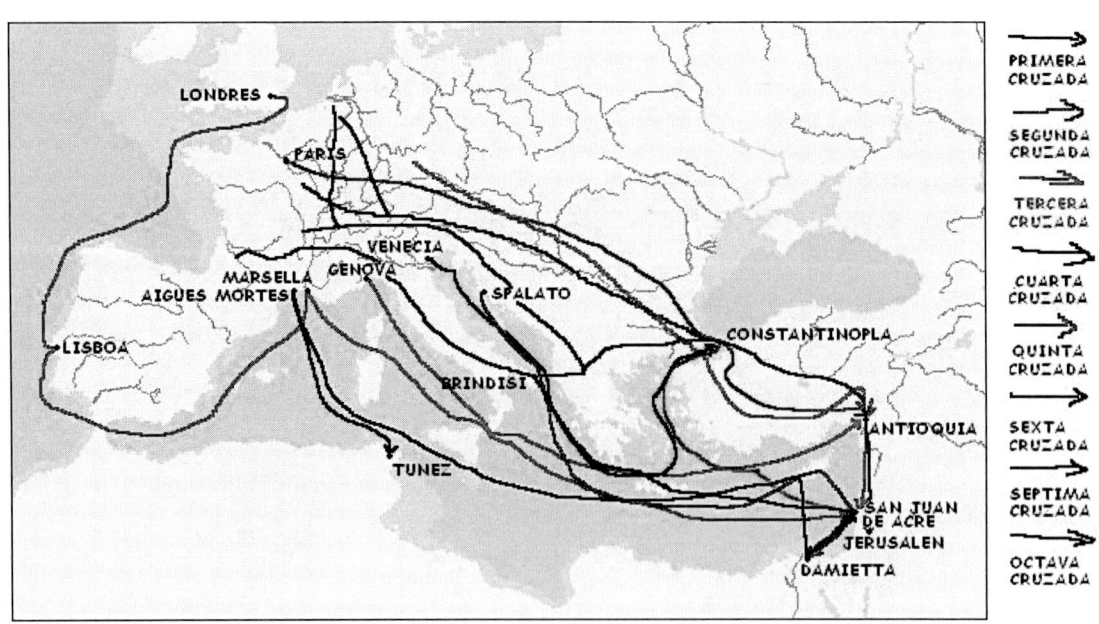

¿Qué son las cruzadas? ¿Cuándo surgieron? ¿Con qué finalidad se hicieron? Realiza una breve redacción de no más de 8 líneas.

63.- ¿En qué se diferencian una orden mendicante y una orden militar?

64.- ¿Por qué el arte gótico se asocia al urbanismo? ¿Cuándo surge?

65.- Realiza un esquema de la arquitectura gótica en el que aparezcan sus características generales, elementos constructivos y principales edificios.

Investiga

66.- Busca en internet una imagen de una construcción gótica de tu provincia. Indica su nombre, cuándo se construyó, quién la realizó y cuál fue su función.

67.- Indica cinco características comunes de la escultura y pintura gótica.

68.- Identifica con flechas y nombra los principales elementos constructivos de la siguiente imagen.

69.- Observa la siguiente imagen y contesta:

- ¿Qué es una vidriera? ¿Qué funciones tiene?

70.- Investiga:

Localiza en internet una imagen de la planta de una iglesia gótica. Pégala en tu cuadernillo y mediante flechas indica las partes más importantes.

71.- ¿Qué rey cristiano conquistó Toledo en el año 1085?

72.- ¿Quiénes fueron los almorávides? ¿Cómo llegaron a la Península Ibérica?

73.- ¿Qué fue el reino nazarí de Granada? ¿Qué territorio ocupaba?

74.- ¿Cuándo se unieron definitivamente los reinos de Castilla y León? ¿Qué rey lo hizo posible?

75.- ¿Qué estamentos conformaban la sociedad del siglo XI? ¿Qué funciones tenían?

76.- ¿Quiénes fueron los mudéjares? ¿Dónde vivían? ¿Cómo estaban considerados socialmente?

77.- ¿Qué fue la Escuela de Traductores de Toledo? ¿Quién la creó?

78.- ¿Qué tres grandes motivos pueden explicar la crisis de la Baja Edad Media?

79.- ¿Cuáles fueron las principales consecuencias de la crisis de la Baja Edad Media?

80.- Completa el siguiente esquema:

Sociedad Estamental

81.- ¿Con qué acontecimiento comienza la Edad Moderna?

82.- ¿Por qué razón surgieron nuevas rutas comerciales en el siglo XV?

83.- ¿Qué instrumentos de navegación surgieron en el siglo XV?

84.- ¿Cuántos viajes realizó Colón?

85.- ¿En qué consistió el Tratado de Tordesillas?

86.- ¿Qué son los pueblos precolombinos?

87.- Completa la siguiente tabla con las características más importantes

INCAS	MAYAS	AZTECAS

88.- Localiza las siguientes palabras en la sopa de letras:

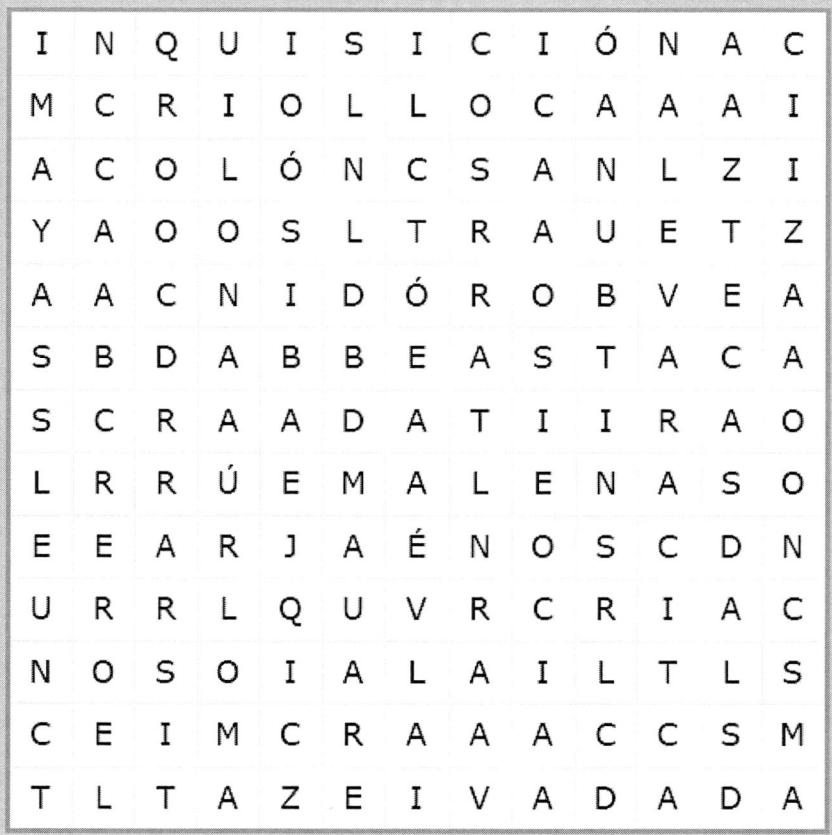

89.- ¿A través de qué medios se difundió el humanismo?

90.- Busca en internet información sobre Leonardo da Vinci. Destaca alguno de sus inventos. ¿Cuál crees que fue más importante? ¿Por qué?

91.- ¿Qué es el Renacimiento?

92.- Completa la siguiente tabla:

ARTE DEL RENACIMIENTO		
	CARACTERÍSTICAS GENERALES	**TRES EJEMPLOS**
ARQUITECTURA		
ESCULTURA		
PINTURA		

93.- ¿Qué es una monarquía autoritaria?

94.- ¿Por qué los Reyes Católicos son un modelo de monarquía autoritaria?

95.- ¿Cómo intentaron los Reyes Católicos conseguir la unidad religiosa?

96.- Busca en internet información Carlos V y Felipe II, y Realiza un breve árbol genealógico.

97.- Completa la siguiente tabla:

	CARLOS V	FELIPE II
PRINCIPALES PROBLEMAS EN POLÍTICA INTERIOR		
PRINCIPALES PROBLEMAS EN POLÍTICA EXTERIOR		

98.- Completa las siguientes frases:

* En 1580 Felipe II consiguió la corona de ……………………

* Hernán Cortés conquistó el Imperio …………………..

* Francisco Pizarro conquistó el Imperio ……………………

* Para gobernar los territorios americanos se crearon virreinatos. Los dos primeros fueron el virreinato de ……………………………… y el virreinato del ……………………

99.- Realiza un esquema con la organización social de la América española.

100.- Localiza las siguientes palabras en la sopa de letras:

D	M	N	R	A	S	R	C	O	R	O	R	C
L	E	S	P	E	B	L	O	A	O	M	O	P
E	L	S	A	O	I	U	R	R	I	M	C	G
B	I	A	A	Í	R	A	A	T	U	E	T	E
P	A	S	E	A	C	Z	A	N	É	S	E	R
I	E	N	C	O	M	I	E	N	D	A	S	M
Z	P	R	C	É	G	R	V	C	M	I	C	A
A	S	O	S	A	O	C	T	T	A	S	O	N
R	L	M	P	S	R	E	C	R	C	H	R	Í
R	A	I	A	L	S	R	R	A	O	E	T	A
O	R	I	I	O	Y	S	O	T	U	E	É	S
R	F	E	L	I	P	E	M	T	R	C	S	R
P	R	N	C	A	R	L	O	S	A	A	S	M

CARLOS FELIPE GERMANÍAS
COMUNEROS BANCARROTA
PIZARRO CORTÉS ENCOMIENDAS
MITA

101.- ¿En qué consistió el sistema de encomiendas?

102.- ¿Por qué razones el siglo XVII fue una época de crisis demográfica, económica y social?

103.- ¿Qué es un valido? ¿Cuáles fueron los validos más importantes?

104.- Completa el siguiente párrafo con las palabras que faltan:

El siglo XVII en Francia se caracterizó por un sistema de gobierno denominado ……………………………….. Su monarca más importante fue………………., al que apodaban como el Rey …….. El palacio más importante de Francia fue el Palacio de …………………..

Investiga

105.- Durante el siglo XVII se desarrolló el método científico. Busca en internet información y destaca al menos 5 personajes científicos de la época e indica por qué fueron importantes.

106.- ¿Qué es el Barroco? ¿Cuáles son sus principales características? Puedes realizar un esquema.

107.- Completa la siguiente tabla:

ARTE BARROCO		
	CARACTERÍSTICAS GENERALES	TRES EJEMPLOS
ARQUITECTURA		
ESCULTURA		
PINTURA		

HISTORIA (VOCABULARIO)

EDAD MEDIA:

TEODOSIO:

IMPERIO BIZANTINO:

VISIGODOS:

BATALLA DE POITIERS:

CARLOMAGNO:

TRATADO DE VERDÚN:

BASILEUS:

MOSAICO:

MAHOMA:

ALÁ:

HÉGIRA:

CORÁN:

MEZQUITA:

CALIFA:

VISIR:

DINAR:

MEDINA:

ZOCO:

ALHÓNDIGA:

ALCÁZAR:

ALHAMA:

SARRACENOS:

FEUDALISMO:

SEÑOR:

VASALLO:

NOBLEZA:

CLERO:

DIEZMO:

BARBECHO:

TORRE DEL HOMENAJE:

CLERO REGULAR:

CLERO SECULAR:

HEREJÍA:

CRUZADAS:

ROMÁNICO:

GÓTICO:

ARADO DE VERTEDERA:

LETRA DE CAMBIO:

RUTA HANSEÁTICA:

GREMIO:

PESTE NEGRA:

BATALLA DE GUADALETE:

REINOS TAIFAS:

REINO NAZARÍ DE GRANADA:

REINOS CRISTIANOS:

ALMORÁVIDES:

ALMOHADES:

BATALLA DE LAS NAVAS DE TOLOSA:

RECONQUISTA:

CARTA PUEBLA:

EDAD MODERNA:

ASTROLABIO:

BRÚJULA:

ENRIQUE EL NAVEGANTE:

TRATADO DE TORDESILLAS:

PIZARRO:

IMPERIOS PRECOLOMBINOS:

ANTROPOCENTRISMO:

HUMANISMO:

RENACIMIENTO:

MARTÍN LUTERO:

JUAN CALVINO:

ANGLICANISMO:

CONTRARREFORMA:

BURGUESÍA:

MONARQUÍA AUTORITARIA:

INQUISICIÓN:

MUDÉJARES:

CARLOS V:

REVUELTA DE LAS COMUNIDADES:

GERMANÍAS:

FELIPE II:

BANCARROTA:

VIRREINATO:

CRIOLLO:

ENCOMIENDAS:

CASA DE CONTRATACIÓN:

VALIDO:

MORISCOS:

GUERRA DE SUCESIÓN:

MONARQUÍA ABSOLUTA:

BARROCO:

HISTORIA
(CARTOGRAFÍA)

1.- Señala en el mapa con una línea, la división realizada por Teodosio en el año 395.

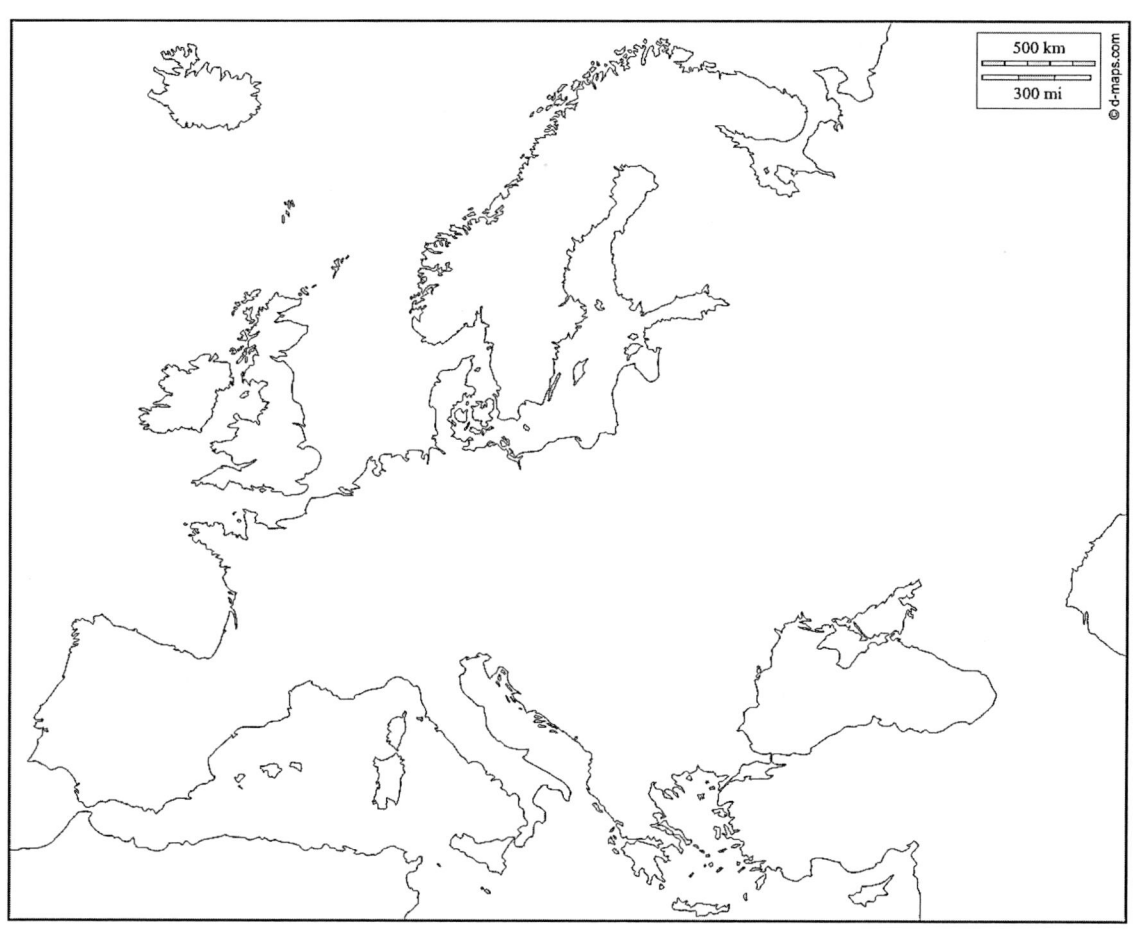

2.- Señala en el mapa la ruta que siguieron los visigodos hasta asentarse en la península ibérica.

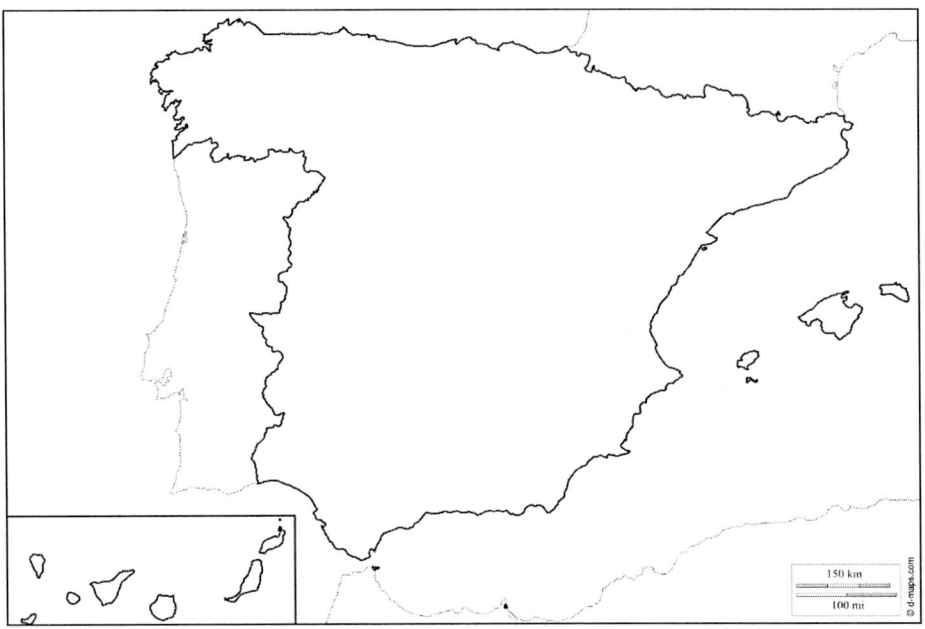

3.- Colorea sobre el mapa las zonas ocupadas por el Imperio bizantino.

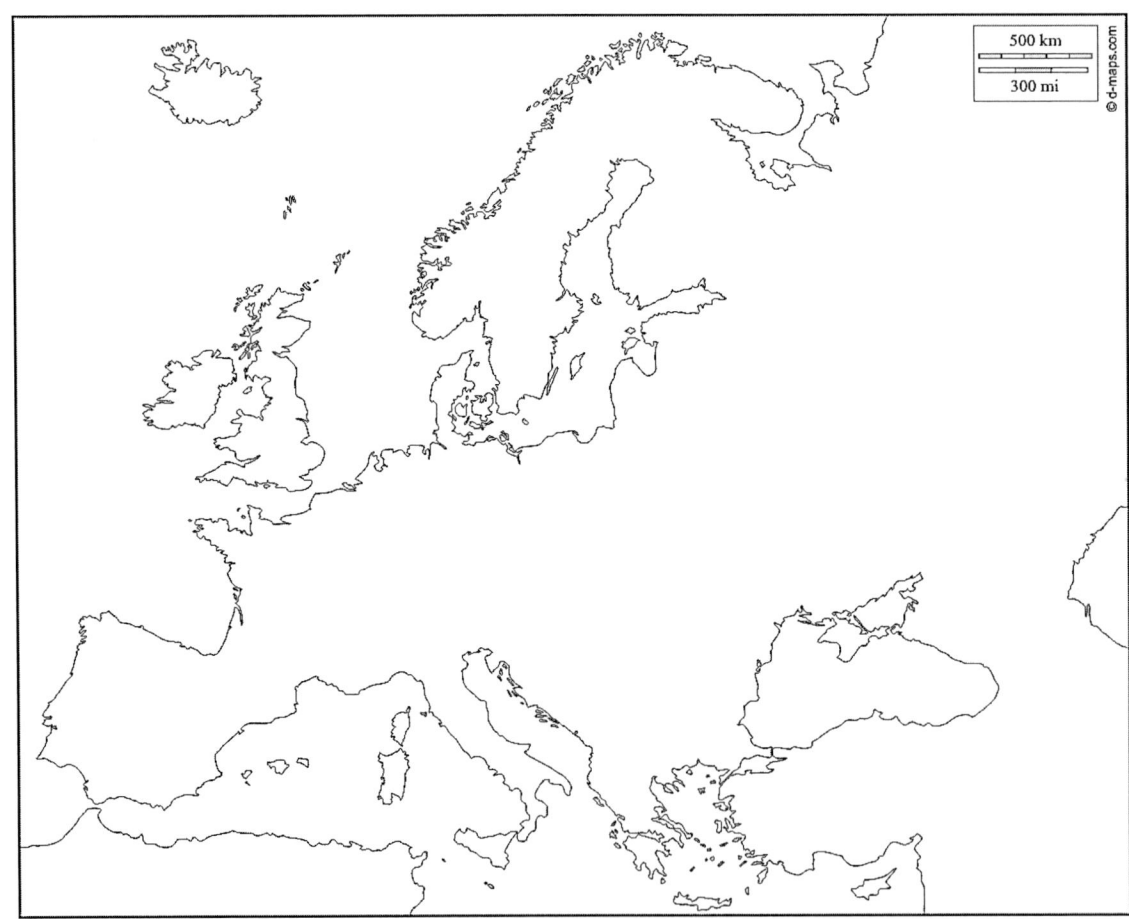

4.- Sitúa en el mapa las ciudades de Medina y Meca.

5.- Colorea sobre el mapa la zona de expansión del Imperio islámico.

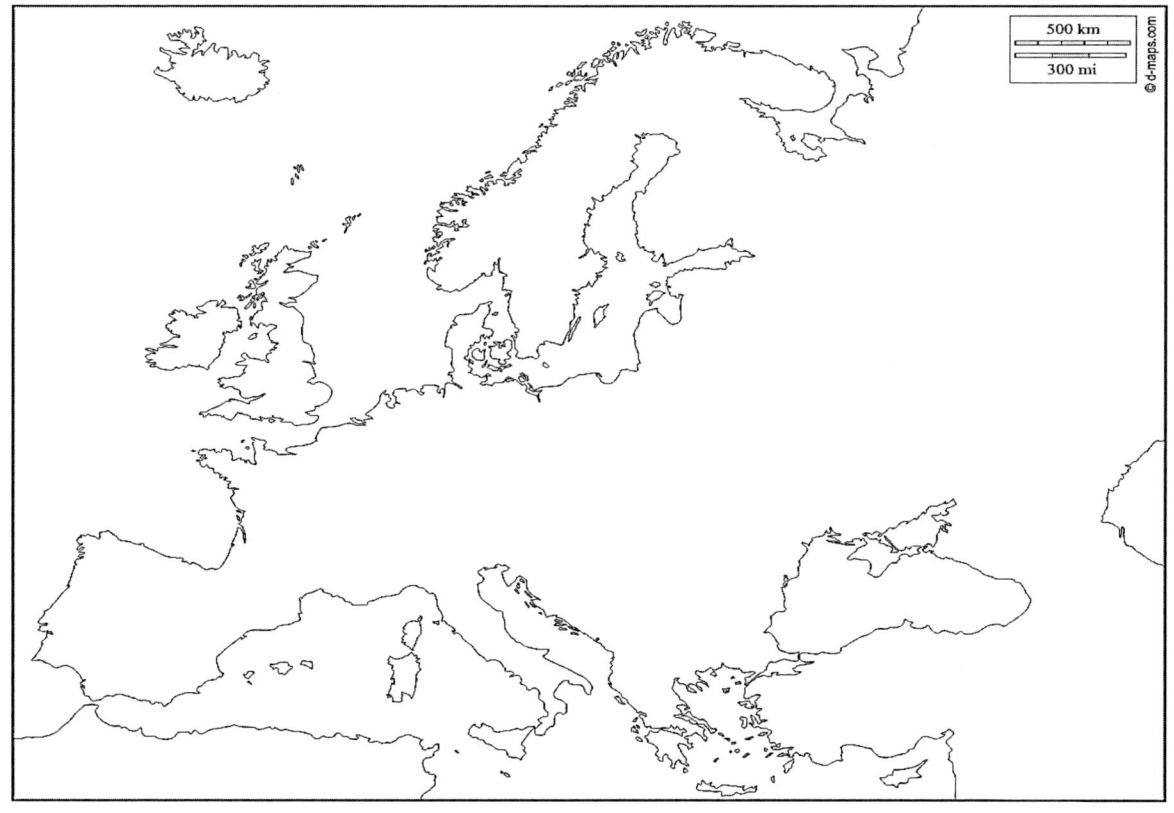

6.- Sitúa sobre el mapa las rutas de las principales cruzadas.

7.- Sitúa en el mapa las principales rutas marítimas en el siglo XII

8.- Sitúa en el mapa el origen y difusión de la peste negra del siglo XIV

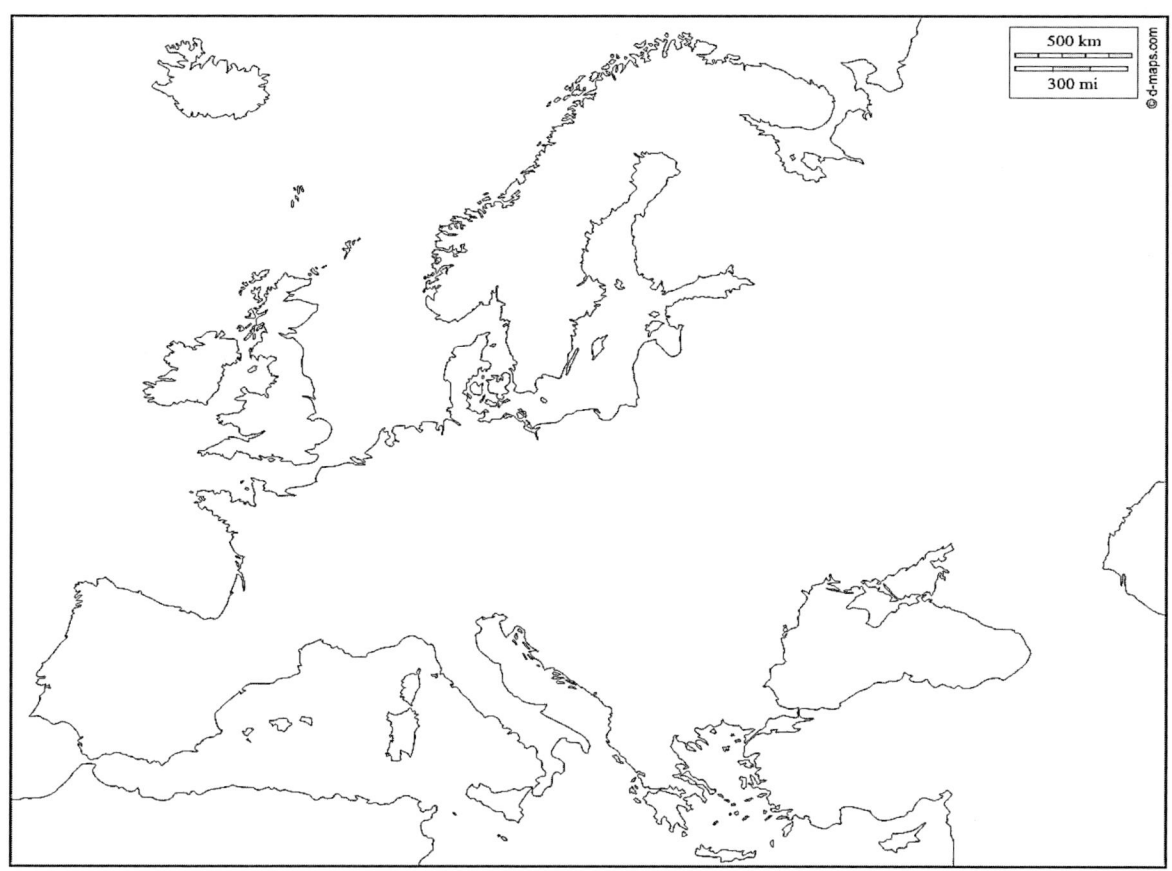

9.- Señala en el mapa la conquista musulmana durante el siglo VIII y la zona correspondiente a los territorios cristianos.

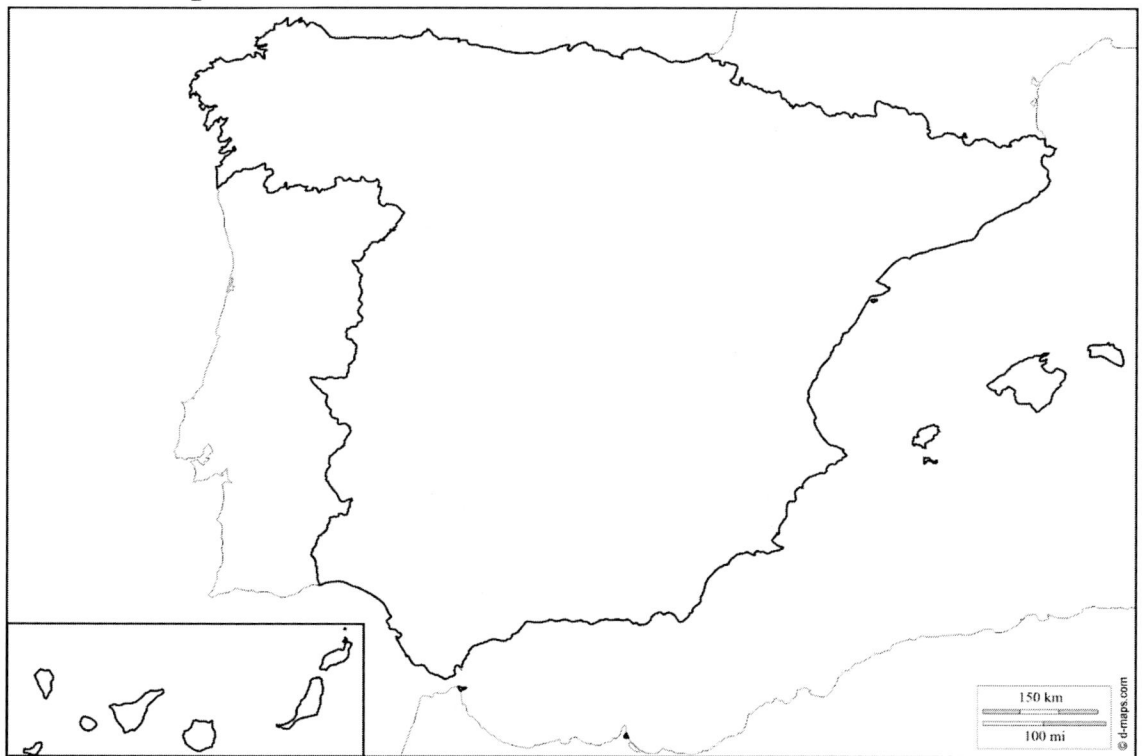

10.- Señala sobre el mapa el territorio correspondiente al Reino nazarí de Granada.

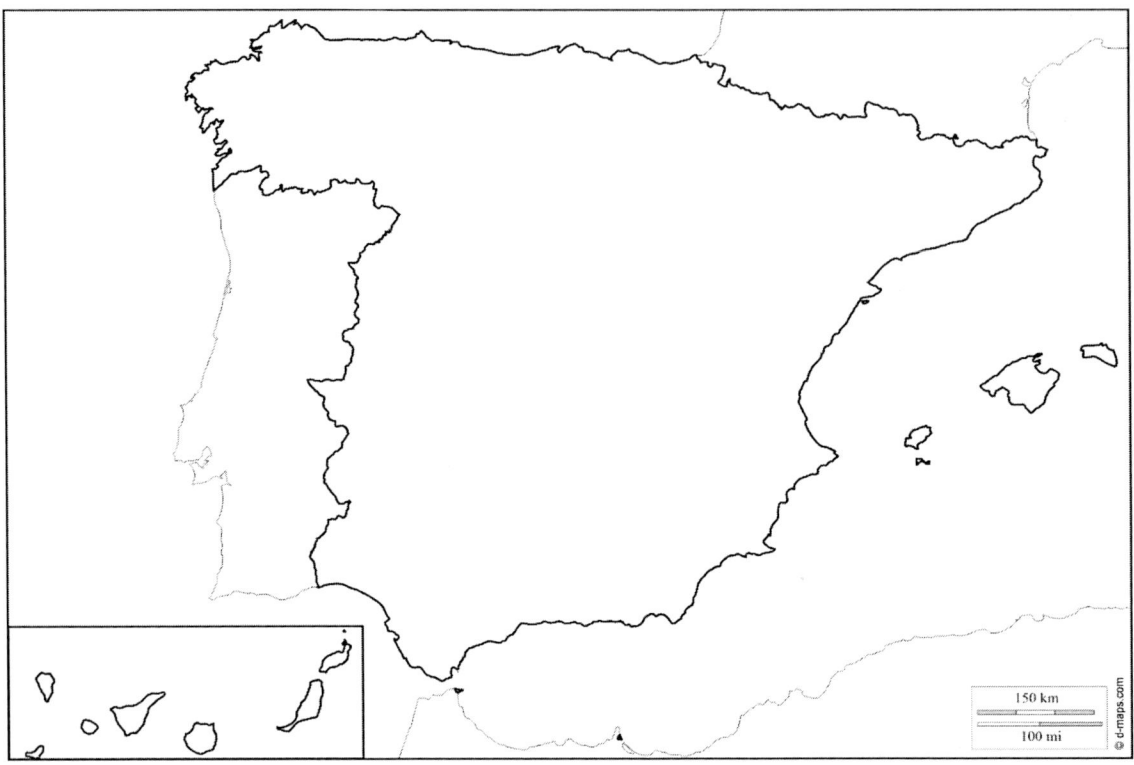

11.- Señala las posesiones que tenía la Corona de Aragón en el siglo XV.

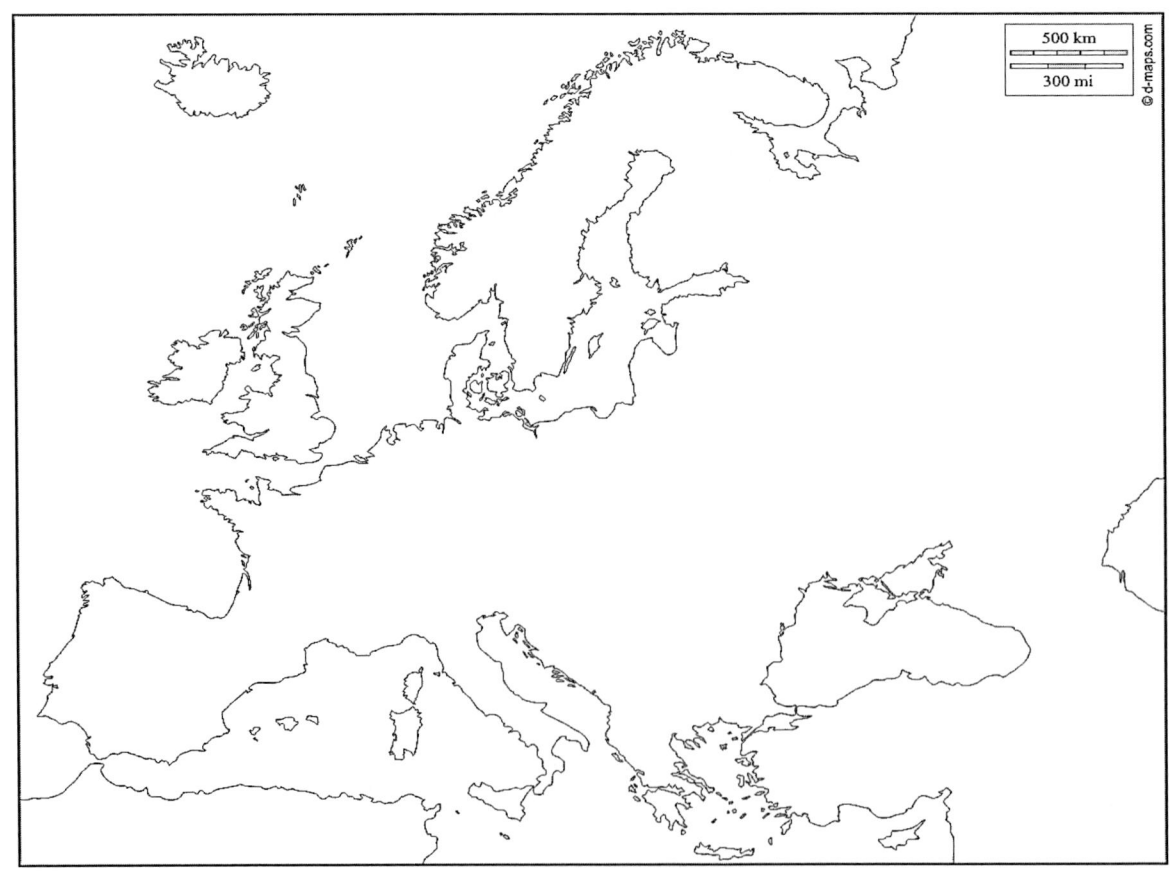

12.- Indica sobre el mapa la línea de demarcación correspondiente al Tratado de Tordesillas.

13.- Dibuja sobre el mapa con diferentes colores las principales exploraciones portuguesas.

14.- Dibuja sobre el mapa el primer viaje de Colón.

15.- Indica sobre el mapa con tramas de colores dónde se establecieron los pueblos precolombinos. Realiza una leyenda.

16.- Señala en el mapa las posesiones territoriales europeas bajo el reinado de Felipe II.

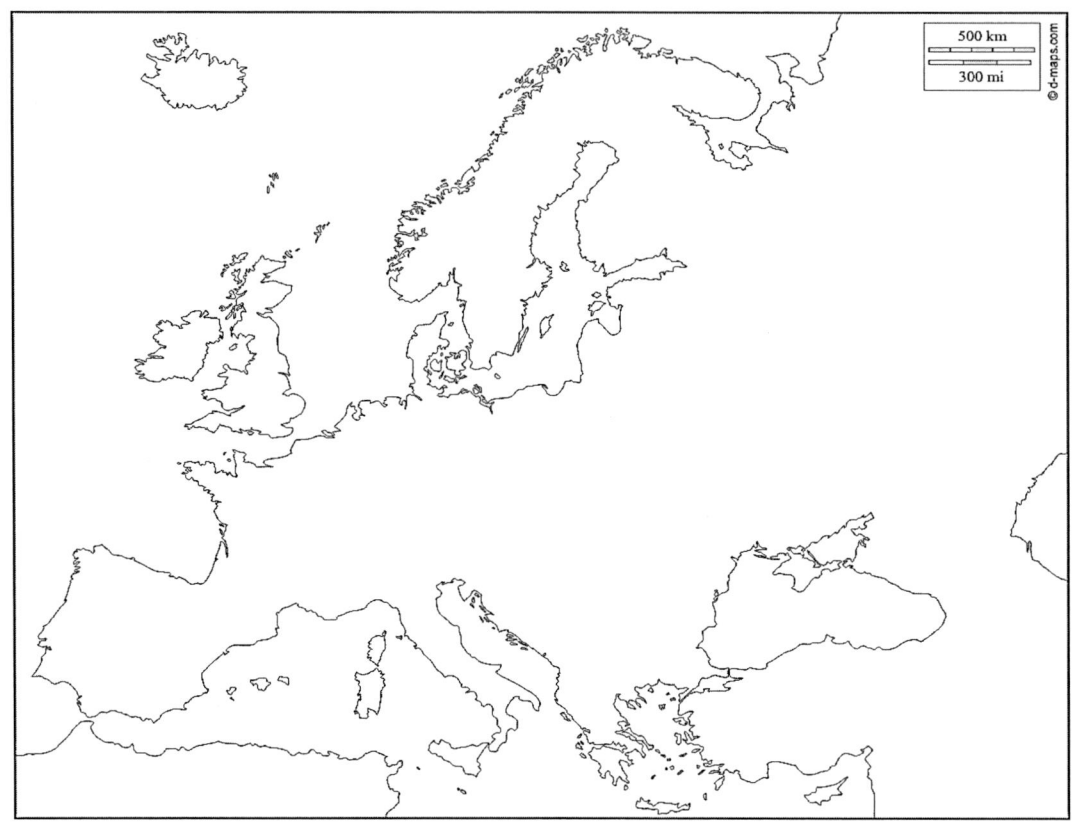

17.- Sitúa en el mapa el virreinato de Nueva España, y el virreinato de Perú.

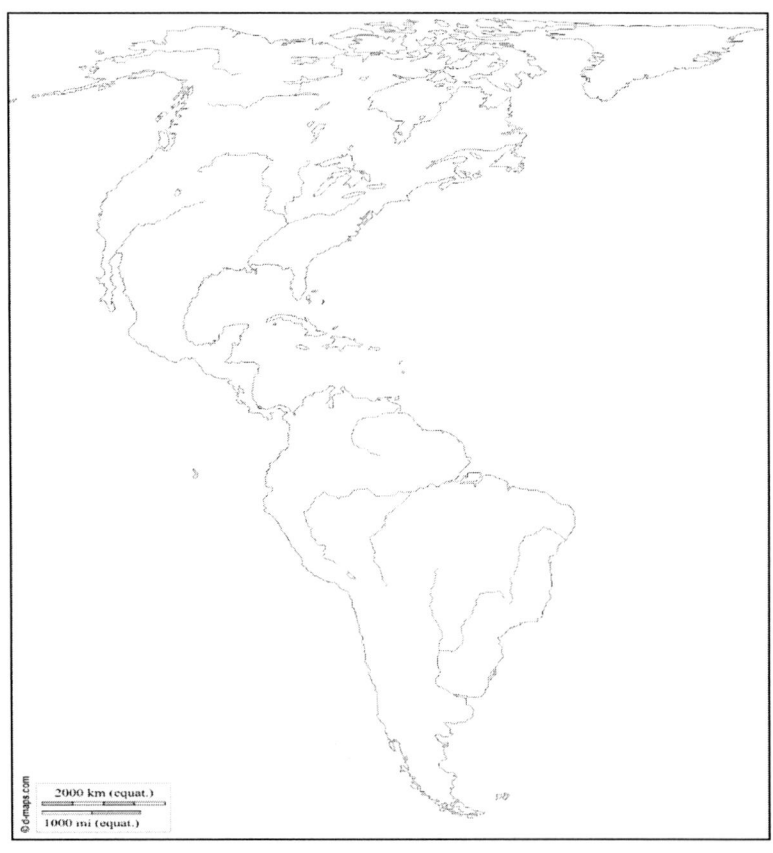

18.- Sitúa en el mapa con diferentes colores la expansión en Europa del luteranismo, el calvinismo y el anglicanismo. Realiza una leyenda.